अन्त का उजाला

[नाटक]

अन्त का उजाला

कृष्ण बलदेव वैद

राजकमल प्रकाशन
नयी दिल्ली पटना इलाहाबाद

ISBN : 978-81-267-2294-5

मूल्य : ₹ 200

पहला संस्करण : 2012

प्रकाशक : राजकमल प्रकाशन प्रा. लि.
1 बी, नेताजी सुभाष मार्ग
नई दिल्ली-110 002

शाखाएँ : अशोक राजपथ, साइंस कॉलेज के सामने, पटना-800 006
पहली मंजिल, दरबारी बिल्डिंग, महात्मा गांधी मार्ग, इलाहाबाद-211 001

वेबसाइट : www.rajkamalprakashan.com
ई-मेल : info@rajkamalprakashan.com

आवरण : मनीष पुष्कले
आवरण-चित्र : उजाले की चिता, कैनवास पर तैल रंग, 2010

मुद्रक : बी.के. ऑफसेट
नवीन शाहदरा, दिल्ली 110 032

ANT KA UJALA
Play by Krishan Baldev Vaid

अन्त का उजाला

पात्र

बीवी
मियाँ

[शाम। किसी छोटे से पहाड़ी मुक़ाम पर एक छोटा सा दो मंज़िला बंगला। नीचे वाले पोर्च में बिछी पुराने ढब की दो आरामकुर्सियों में अधलेटे पड़े दो वयोवृद्ध। उनके पाँव और मुँह दर्शकों की तरफ़। सन्नाटे और हवा की सायँ सायँ।]

बीवी

आज भी कोई फ़ोन नहीं आया
कोई ख़त कोई ईमेल कोई पार्सल चेक
कोई ख़बर तार अफ़वाह इशारा आदेश

मियाँ

नहीं

बीवी

मेरा ख़याल था आज ज़रूर कुछ न कुछ
आ जाएगा क्या कहीं से भी कुछ...

मियाँ

नहीं

बीवी

मेरा ख़याल था मेरा ख़याल अक्सर ठीक निकलता है
आज कुछ तो आ जाना चाहिए था
हो जाना चाहिए था
कोई फ़ोन या ईमेल या ख़त
किसी न किसी का कहीं न कहीं से
कोई घटना दुर्घटना
इसी ख़याल की ख़ाक मैं दिन भर...ख़ैर
कुछ भी नहीं कहीं से भी नहीं

मियाँ

नहीं लेकिन अगर आ भी जाता कुछ
हो भी जाता कुछ
तो क्या हो जाता

बीवी

तुमने ही फ़ोन कर दिया होता
ईमेल भेज दिया होता
तार दे दिया होता
ख़त लिख दिया होता

पार्सल भिजवा दिया होता
चेक भेज दिया होता
कुछ भी कर दिया होता
मेरा ख़याल था तुम आज
कुछ तो कर ही दोगे

मियाँ

मैंने कुछ नहीं किया कुछ भी नहीं

बीवी

मेरा ख़याल था तुम आज कुछ

मियाँ

कर भी दिया होता तो क्या हो जाता
कोई फ़र्क़ न पड़ता
किसी भी बात में कहीं भी

बीवी

कुछ न करने से क्या होता है
क्या फ़र्क़ पड़ता है
किसी भी बात में कहीं भी

(ख़ामोशी)

मियाँ

मन नहीं हुआ
कुछ भी करने का

बीवी

कुछ भी न करने का मन होता है

मियाँ

नहीं

बीवी

तो वह क्यों करते हो
जैसे वह करते हो
वैसे ही वह भी कर दिया करो
जो करने को मैं कहती हूँ
मन हो या न हो
कुछ करने और कुछ भी न करने के लिए
मन का मोहताज होना ज़रूरी नहीं

मियाँ

कुछ करने का मोहताज होना भी ज़रूरी नहीं
इस इन्तहा पर
जिस पर हम आ पहुँचे हैं

अन्त का उजाला

बहुत कुछ और बहुत कुछ नहीं करते न करते
इस इन्तहा पर
कुछ न करने के लिए मन हो न हो
कोई फ़र्क़ नहीं पड़ता
कुछ करने के लिए
मन का होना ज़रूरी मान लेना चाहिए
मैंने मान लिया है
इसलिए अब वहीं करूँगा
जिसे करने का मन होगा
जानता हूँ बहुत कुछ ऐसा भी होगा
जो करने का मन तो होगा
लेकिन जो कर नहीं सकूँगा
इस इन्तहा पर
ऐसा बहुत कुछ होगा
जानता हूँ

बीवी

वह तो इस इन्तहा से पहले भी
हुआ करता था तुम जानते हो
मानो न मानो दूसरी बात
इस इन्तहा से पहले भी हम

वह सब कुछ कब कर पाते थे
जो करने का मन होता था
इस इन्तहा से पहले भी करने न करने
की सीमाएँ थीं कई सीमाएँ थीं
जो हमारे मन के मातहत नहीं होती थीं

मियाँ

मैं मानता हूँ लेकिन अब
अपनी मर्ज़ी से वही काम करूँगा
जो मेरे मन को सुहाएँगे वे भी
मुझसे न हो पाए तो मेरी मजबूरी
लेकिन अब अपने मन पर जबर
नहीं करूँगा न ही होने दूँगा

बीवी

तुम तो इस इन्तहा पर और
तवाना हो गए लगते हो

मियाँ

जो चाहो कह लो अब मैं अपने मन को
न मारूँगा न उसको मजबूर करूँगा
कि वह मेरी माने अब मैं उसकी मानूँगा
जो वह चाहेगा वही मैं चाहूँगा

बीवी

मुझे तो अब पता ही नहीं चलता
मेरा मन क्या चाहता है
मुझसे क्या करवाना चाहता है
तुम ख़ुशक़िस्मत हो तुम्हें चल जाता है।
मेरा मन तो मुझसे खेल ही खेलता रहता है
मनोखेल वैसे ही जैसे मेरे कुछ दोस्त खेला करते थे
और मुझको उलझा देते थे
तुम ख़ुशक़िस्मत हो तुम और तुम्हारा मन
तुम दोनों में कोई उलझाव नहीं दिखता
मुझे तो अब पता ही नहीं चलता
मेरा मन चाहता क्या है उससे पूछूँ तो
वह धीरे से मुस्करा देता है और मैं
मुरझा जाती हूँ
उसके खेल मुझे खलते हैं
उसकी मुस्करियाँ मारू लगती हैं

मियाँ

मैं अब अपने मन को मारूँगा न मजबूर करूँगा
उसकी ही मानूँगा उसको मनमानी करने दूँगा
जो वह चाहेगा करवाना चाहेगा

करने की कोशिश कर देखूँगा
न कर पाऊँगा तो उससे कह दूँगा
मेरे आक़ा मुझसे कुछ और करवा लो
यह मेरे बस का नहीं

बीवी

तुम ख़ुशक़िस्मत हो
मुझे तो पता ही नहीं चलता वह चाहता क्या है
चल जाए तो भी
मैं उसके आदेश शायद ही मानूँ
पर उसकी तो नौबत ही नहीं आती
मेरा मन खेल खिलाड़ी
मैं कहती रहती हूँ यह उम्र इन खेलों की नहीं
उसकी मुस्करियाँ उफ़

मियाँ

मैंने फ़ैसला कर लिया है
अब मेरे सारे फ़ैसले मेरे मन के हवाले
मैं उसके पीछे पीछे
उसी के इशारों पर नाचता हुआ
जिधर वह उधर मैं
उसकी हर ज़िद्द को मानता हुआ

उसको ज़िद्द करने का अवसर ही न देता हुआ
मैंने फ़ैसला कर लिया है

बीवी

तुम इतने ख़ुशक़िस्मत क्यों
नित नया फ़ैसला न जाने कैसे कर लेते हो
मुझसे यह क्यों नहीं होता
मेरे सब फ़ैसले फ़रसूदा क्यों
दूसरों द्वारा किए हुए क्यों
"मन को मारो उसकी चंचलता को कुचलो
उसकी एक न मानो उसके खेल मत खेलो"
इस इन्तहा पर भी मुझसे अपने फ़ैसले क्यों नहीं होते

मियाँ

मैं अब अन्त तक इसी फ़ैसले पर क़ायम
फ़ोन करने का ईमेल का मन नहीं हुआ नहीं किया
जब मन होगा कर दूँगा
मजबूरी क्या है क्यों हो
अगर अनमने तरीक़े से
फ़र्ज़ पूरा करने के लिए तुम्हें ख़ुश करने के लिए
दुनियादारी के दबाव में
फ़ोन कर भी दिया होता ईमेल भेज भी दिया होता

तो वह फ़ोन/ईमेल मुर्दा ही होते
अब मैं कोई मुर्दा काम नहीं करूँगा
यह मानते हुए भी कि इस इन्तहा पर
मेरे सारे काम कमोबेश मुर्दा ही होंगे
मुर्दा ही हो सकते हैं कि इस इन्तहा पर
मैं नीममुर्दा मेरा तन मन भी मेरे फ़ैसले भी

बीवी

अब तुम भी वही खेल खेलने लगे
जिनसे मेरा मन मुझको उलझाता रहता है

मियाँ

यह खेल नहीं सच्चाई है
तुम चाहो तो कह सकती हो यह सच्चाई भी
खेल नज़र आती है मैं मान लूँगा
यह उलझाऊ सच्चाई है
हर असली सच्चाई उलझाऊ और मारू

बीवी

तुम अन्त और इन्तहा और असली उलझाऊ
सच्चाइयों का जाप जब करते हो तो
मुझे लगता है तुम सन्त बन जाना चाहते हो
घर बैठे बैठे घर को सन्तालय में

बदल देना चाहते हो लेकिन मेरा क्या होगा

मियाँ

वही जो मेरा होगा

बीवी

मैं बदल नहीं सकती अब इस इन्तहा पर

मियाँ

मत बदलो लेकिन बिगड़ो तो मत
ईमेल करने का मन नहीं हुआ नहीं किया
कर देता तो भी क्या हो जाता
नहीं किया तो भी क्या नहीं हुआ
जहाँ जाने का मन होगा चला जाऊँगा
अगर जा सकूँगा तो
जो खाने का मन होगा खा लूँगा
अगर खा सकूँगा तो

बीवी

ज़हर खाने का मन हुआ तो

मियाँ

ज़हर खा लूँगा सुक़रात ने पी नहीं लिया था
ज़हर का प्याला अपने सब अजीज़ों के सामने

बीवी

कहाँ सुक़रात कहाँ तुम

मियाँ

जानता हूँ मैंने उससे बराबरी का दावा नहीं किया
एक आदर्श प्रतीक की तरह उसे याद भर किया है
खाने और पीने को भी एक प्रतीक ही समझो

बीवी

सुबह आँख खुलते ही पीने का मन करे तो

मियाँ

सुबह आँख खुलते ही पीना शुरू कर दूँगा
अब इस इन्तहा पर एहतियात क्यों
अब हो ही क्या सकता है अन्त के अलावा
अब वक़्त ही कितना बचा है अन्त से पहले
अब ज़हर से भी परहेज़ क्यों

बीवी

झख मारने का मन करे तो

मियाँ

झख मार लूँगा झख मारने से भी झिझक कैसी
ज़्यादा से ज़्यादा क्या होगा

जेल भेज दिया जाऊँगा बूढ़ा बदमाश कहलाऊँगा
समाज बाहर कर दिया जाऊँगा
मुझे मंज़ूर है मैं हर हत्तक के लिए तैयार हूँ

बीवी

शेख़ी मत मारो सन्त शेख़ीमार नहीं होते

मियाँ

शेख़ी मारने का मन है तो क्यों न मारूँ
शेख़ी भी एक झख ही तो है
तुम भी मारो क्यों न दोनों मिलकर मारें
अब शेख़ी मारने से भी शर्म क्यों
अब किसी भी हरकत से शर्म क्यों

बीवी

बात शर्म की ही नहीं शील की भी है

मियाँ

शील शर्म का ही जुड़वाँ भाई

बीवी

तो क्या शील को भी तज रहे हो

मियाँ

अगर वह मन की ज़द में आ गया तो ज़रूर

अन्त का उजाला

बीवी

जो गरजते हैं वे बरसते नहीं
जो भौंकते हैं वे काटते नहीं
जो बड़ मारते हैं वे बुज़दिल होते हैं

मियाँ

गरजना बरसने से कमतर नहीं
भौंकना काटने से कमतर नहीं
बड़ बहादुर भी मारते हैं

बीवी

यह बताओ तन का क्या करोगे
तन की नातवानियों का क्या करोगे

मियाँ

उन्हें मन की शैतानियों में बदल दूँगा
तन को मन से पिटवाऊँगा मन को तन से नहीं

बीवी

इस बेहूदा बड़ पर हँसी भी नहीं आती
अगर तन को मन से पिटवाना मुमकिन होता
अगर तन की नातवानियों को मन की शैतानियों
में बदलना आसान होता

अन्त का उजाला

अगर तन के ज़वाल को मन के जलाल से रोका
या टाला जा सकता
तो फिर तन की ज़हमत ही क्यों होती
हक़ीक़त कुछ और ही कहती है
कहती है तन है तो मन है
तन है इसीलिए मन है
तन के बग़ैर मन नहीं मन के बग़ैर तन है
हो सकता है अक्सर होता है

मियाँ

मैं यह सब मान लेने को तैयार
तन ही मन का मालिक और ख़ालिक़
तन की मौत मन की मौत
इसीलिए मेरी मनमानी में तनमानी भी शामिल
लेकिन इस इन्तहा पर तनमानी नामुमकिन
मनमानी ही मुमकिन
क्योंकि तन के ज़वाल के बाद भी
मन का जलाल बना रह सकता है
इसलिए तुम्हारे एतराज़ से मेरा फ़ैसला
ग़लत नहीं हो जाता ग़लत है तो भी
मैं उसे नहीं बदलूँगा

ईमेल तभी करूँगा जब मन करेगा
ईमेल को भी एक प्रतीक मान लो

बीवी

मैं पीछे छूट गई

मियाँ

पीछे और आगे का भेद अब मिट जाना चाहिए

बीवी

कोई फ़ोन आना चाहिए था कोई ख़त कोई ईमेल
फ़ोन ख़त ईमेल को प्रतीक मान लो तो भी
वे सब भी शायद यही सोच रहे हों
कोई फ़ोन आना चाहिए था कोई ख़त कोई ईमेल

मियाँ

वे सब कौन

बीवी

वे सब वही जिनके फ़ोन ख़त ईमेल का हमें
इन्तज़ार है

मियाँ

हमें नहीं सिर्फ़ तुम्हें
मुझे अब सिर्फ़ अन्त का इन्तज़ार है

वैसे तुम चाहती हो तो मैं ईमेल कर दूँगा

बीवी

मन की मान रहे हो या मेरी

मियाँ

एक छोटा सा खेल खेल लिया कुछ देर के लिए
कुछ वक़्त काट लिया
कुछ अकड़ लिया इतरा लिया तुम्हारे सामने
यही ग़नीमत

बीवी

हम दोनों नादान

मियाँ

हम दोनों दीनहीन

बीवी

हम दोनों बेवक़ूफ़

मियाँ

हम दोनों दुर्बल इनसान

बीवी

हम दोनों बेईमान

मियाँ

लेकिन तुम औरत मैं मर्द

बीवी

हम दोनों अब इस भेदभाव से भी ऊपर

मियाँ

तो अब जाऊँ ऊपर

बीवी

अगर ऊपर जाने का मन है तो जाओ

मियाँ

इस पर हँसी ऊपर जाकर

बीवी

क्या लिखोगे ऊपर जाकर

मियाँ

जो लिख सकूँगा

बीवी

कुछ मेरी तरफ़ से भी लिख देना मेरे मन का भी

मियाँ

अगर लिख सका तो लिख दूँगा

बीवी

मेरा मन मुझसे खेल क्यों खेलता रहता है

मियाँ

अपने मन से पूछो

बीवी

उसी से पूछ रही हूँ
वह मुस्कराए जा रहा है
उसकी मुस्कराहट भी एक खेल
मुझे उसका यह खेल नापसन्द बहुत नापसन्द

मियाँ

मैं ऊपर जा रहा हूँ

बीवी

अब चले भी जाओ वर्ना मन बदल जाएगा

मियाँ

हो सकता है बदल ही गया हो

बीवी

तुम्हारा मन भी शायद तुमसे खेल खेलने लगा
मेरे मन की देखादेखी
हमारे तन एक दूसरे की नक़्ल करते हैं

मन क्यों न करें
जो बीमारी तुम्हें आज होती है
मुझे कल हो चुकी होती है
जो मुझे कल होगी वह तुम्हें आज हो चुकी होती है
डॉक्टर को हँसी आती रहती है
वह कहता है तुम दोनों अब जुड़वाँ भाई बहन
मियाँ बीवी बस नाम के
एक उम्र के बाद सब बूढ़े मियाँ बीवी भाई बहन
अगर बीवी जवान और मियाँ बूढ़ा हो तो बाप बेटी

मियाँ

अगर बीवी बूढ़ी और मियाँ जवान हो तो माँ बेटा

बीवी

ऐसी मिसालें कम बहुत कम बहुत ही कम
हमारे इतिहास में
हमारे साहित्य में हमारे मिथकों में भी

मियाँ

यह तुम किधर बहक निकलीं

बीवी

जिधर मेरा मन किया

मियाँ

इस मज़ाक़ पर हँसी ऊपर जा कर

बीवी

अब चले भी जाओ

मियाँ

अकेले ऊपर जाने से डर लगता है

बीवी

इसीलिए तो कहती हूँ—ऊपर नीचे का टंटा
इस उम्र में नहीं होना चाहिए
यह बँगला बेच डालना चाहिए
कोई और ख़रीद लेना चाहिए

मियाँ

बेचने ख़रीदने का झंझट इस उम्र में नामुमकिन
मेरे लिए हम दोनों के लिए
मैं ऊपर जाना ही बन्द कर दूँगा
सब साज़ सामान नीचे ले आऊँगा

बीवी

नीचे इतनी जगह कहाँ से आएगी
हमें अब एक ही मंज़िल का बड़ा बँगला

ढूँढ लेना चाहिए
यहाँ न मिले तो कहीं और
जिसमें नौकर ड्राइवर का अलग क्वार्टर हो
और जगह हो हम दोनों के लिए

मियाँ

हमें इस इन्तहा पर और जगह नहीं चाहिए
और झंझट नहीं चाहिए
नौकर ड्राइवर नहीं चाहिए
और बोझ नहीं चाहिए
हमें अब हल्का हो जाना चाहिए
और हल्का हो जाना चाहिए
तुम्हें वह कहानी याद नहीं आती
एक इनसान को आख़िर कितनी ज़मीन चाहिए

बीवी

इस उम्र में अगर कुछ और सुविधाएँ मिल जाएँ
तो हरज़ क्या है ऐश की नहीं आराम की बात कर
रही हूँ

मियाँ

इस उम्र में और आराम की ख़ातिर
दौड़धूप हमसे नहीं होगी

अन्त का उजाला

मुझसे तो हरगिज़ नहीं होगी
मेरा मन नहीं मानता
कहता है ऐसे ही चलने दो
कहता है किसी नए चक्कर में मत पड़ो
जो है उसी को ग़नीमत समझो
बाक़ी बचा वक़्त यहीं काट दो
कहता है अब अन्त दूर नहीं
तुम भी मानती हो अब अन्त दूर नहीं
मेरा मन कहता है मेरी नहीं मानोगे
तो मारे जाओगे पछताओगे
बड़े बँगले के ख़्वाब मत देखो
इस उम्र में और सुविधाएँ अपने साथ
और समस्याएँ ले आएँगी
अब मकान बदलने का वक़्त नहीं
लामकाँ हो जाने का वक़्त है
अब जंजाल फैलाने का वक़्त नहीं
उससे मुक्ति पा लेने का वक़्त है
सच सच बतलाओ तुम्हारा मन क्या यह सब नहीं
कहता

बीवी

मेरा मन मुझसे खेल खेलता रहता है

कहता कम है मुस्कराता ज़्यादा
उसका मुझे कुछ पता नहीं चलता
वह मुझको उलझाता रहता है
शायद वह ख़ुद भी उलझा हुआ है
उसकी मुस्कान भी रूप बदलती रहती है
शिकायत करूँ तो कहता है एकरूपता उबाऊ

मियाँ

मेरा मन कहता है जो है उसी से सन्तुष्ट रहो
असन्तोष को काम में खपाओ
इधर उधर मत भटको अब
काम की चिन्ता भी छोड़ दो
जो हो जाए जैसा हो जाए वही ग़नीमत
यह उम्र काम के लिए भी तड़पने की नहीं
इस उम्र में तड़प का अन्त ही उत्तम
तुम दोनों के लिए

बीवी

तुम्हारे मन को मेरी भी चिन्ता है
शायद वह ठीक ही कहता है
अब चुप मारकर पड़े रहना चाहिए
इधर उधर भागना भटकना बन्द

अब अगर नया बँगला मिल भी गया

तो हमारा मक़बरा ही होगा वह

इसलिए इसी को अपना मक़बरा क्यों न मान लें

मियाँ

तुम इतनी आसानी से मेरी बात मान जाओगी, मैंने नहीं सोचा था

बीवी

तुम्हारी नहीं, अपने मन की

मियाँ

तो क्या तुम्हारा मन अब खेल नहीं खेल रहा

बीवी

मैं भी खेल ही तो खेल रही हूँ

खेल खेलते खेलते ही

ख़त्म हो जाएँ तो

बुरा क्या है

मियाँ

डॉक्टर भी यही कहता है और तुम्हारा शौकत भी

बीवी

और तुम्हारी नीरू भी

और डॉक्टर तो हमारे जिस्मों को भी ख़ूब जानता है
उसने देख लिया होगा अब उनका अन्त दूर नहीं

मियाँ

इसीलिए वह कहता है यहीं रहो अब आख़िर तक
ऊपर नीचे जब तक मुमकिन हो
ख़ुशक़िस्मत हूँ मैं ऊपर नीचे चढ़ उतर लेता हूँ
जब यह नामुमकिन हो जाएगा मैं भी नीचे आ पड़ूँगा
ऊपर अकेला अब डरता रहता हूँ
कहीं ऐसा न हो जाए कहीं वैसा न हो जाए
सोचता रहता हूँ तुम नीचे कैसी हो
पूछता रहता हूँ ठीक तो हो
सोचता रहता हूँ ऊपर मुझे कुछ हो गया तो
तुम ऊपर कैसे आओगी
आवाज़ें देता रहता हूँ

बीवी

और मैं घंटी बजाती रहती हूँ
अच्छा हुआ लगवा ली

मियाँ

पड़ोसी सब सुनते होंगे हँसते होंगे

अन्त का उजाला

बीवी

वे तो शायद ही सुन सकते हों
मैं खुद ही हँसती रहती हूँ
जब जब तुम आवाज़ देते हो
मैं समझ जाती हूँ तुम डर रहे हो
चिन्तित हो उठे हो मेरे बारे में
नीचे आ जाना चाहते हो

मियाँ

इसी तरह अब आवाज़ें देते देते
हँसते घंटी बजाते बजाते
फ़ोन ख़त ईमेल और अन्त का इन्तज़ार करते करते
तन और मन को बहलाते बहकाते
काम और क्रोध में खोए खोए
डॉक्टर की खरी खुरदरी सुनते सुनते
तुम्हारे शौकत और मेरी नीरू के बारे में
सोचते बतियाते जान निकल जाएगी
मेरी या तुम्हारी या शायद दोनों की एक ही दिन
एक ही क्षण तो शायद ही
मैं चाहता हूँ पहले मेरी निकले
फिर सोचता हूँ मेरे बाद तुम अकेली कैसे काटोगी

बाक़ी बचे दिन घंटी बजाकर किसे चौंकाओगी
तुम भी यही सोचती हो जानता हूँ
अगर तुम पहले चली गई तो मैं क्या करूँगा
किसको आवाज़ें दूँगा पूछूँगा कैसी हो
अपने डर से कैसे निबटूँगा
डॉक्टर कहता है हम दोनों के एक ही दिन
चले जाने की सम्भावना सिफ़र बराबर
एक ही क्षण चल देने की सिफ़र से भी कम

बीवी

डॉक्टर की खरी खुरदरी
ठीक और ठोस
जो वह कहता है हम भी वही सोचते
तो हैं
कहने से कतराते हैं डरते हैं

मियाँ

वह अब हमारा डॉक्टर और दोस्त ही नहीं सन्त भी

बीवी

सन्त भी

मियाँ

और नहीं तो क्या

उसकी बातें उसके संकेत
उसकी अदाएँ और मुद्राएँ सब सन्तों जैसी
हम ख़ुशक़िस्मत हैं

बीवी

तुम्हारी नीरू भी तो सन्तनी

मियाँ

तुम्हारा शौकत भी तो सन्त

बीवी

हम दोनों दुनियादार उन तीनों के मुक़ाबले में

मियाँ

लेकिन अब दुनिया छूटी जाए

बीवी

इस ख़याल से तुम्हें दुख होता है

मियाँ

दुख नहीं कसक धीमी सी

बीवी

अब कोई और बात करें

अन्त का उजाला

मियाँ

क्या बात करें बातें सब हो चुकीं
अब ऊपर जाता हूँ
भूल ही गया था

बीवी

मैं नहीं भूली थी मैं तुमसे कम भुलक्कड़

मियाँ

इसीलिए कहता हूँ मैं तुमसे पहले जाऊँगा

बीवी

कहाँ

मियाँ

भूल गई वहीं जहाँ सब जाते हैं देर सबेर
डॉक्टर कहता है कोई कहीं नहीं जाता
सब यहीं समाप्त हो जाते हैं
ठीक कहता है
मैं तुमसे पहले समाप्त हो जाऊँगा

बीवी

जो होगा होगा मुझे डराओ मत
हाँ ऊपर जाने से पहले वह कहानी सुना दो

उससे मैं शान्त हो जाती हूँ
सारी शिकायतें सो जाती हैं मेरी
सारे डर भी कुछ देर के लिए
मैं उनसे ऊपर उठ जाती हूँ
आज बहुत मन है सुना दो फिर ऊपर जाना

मियाँ

कई बार सुन चुकी हो

बीवी

हर बार मुझे लगता है पहली बार सुन रही हूँ
हर बार तुम उसे हरा कर देते हो
अब नख़रे मत करो सुना दो

मियाँ

(आँखें बन्द कर ऐसे बोलने लगता है जैसे सोया सोया बोल रहा हो।)

हम लड़के उस मास्टर को रावण कहते थे
उसका असली नाम हमने अपने मन से
मिटा दिया था
वह छह फ़ुट लम्बा था
दिखता दस फ़ुट का था
उसके हाथ पैर एक एक फ़ुट के थे

अन्त का उजाला

दाँत सब टेढ़े मेढ़े डेढ़ डेढ़ इंच के
वह बोलता नहीं गरजता था
उसे ख़ुजलाने की आदत थी
आगे और पीछे एक साथ
खुजलाते खुजलाते उसकी आँखें मुँद जाती थीं
तब हम लड़के खिखियाने लगते तो वे
अंगारों में बदल जाती थीं
खुजलाना भूल वह किन्हीं दो लड़कों को पकड़
उनके कान उमेठने लग जाता
उन्हीं हाथों से जिनसे वह आगे पीछे खुजला चुका
होता
लड़के बेचारे सी सी सी करते रहते
उनकी आँखें और मुँह भिच भिच जाते
उनके कान लाल हो जाते
रावण दाँत पीसता रहता
हम समझ जाते उसे कान उमेठने में
आगे पीछे खुजलाने से ज़्यादा मज़ा आ रहा है
फिर पता नहीं कब कैसे यह बात फैल गई
कि वह रावण लम्बू दाँतपीसू कानउमेठू मास्टर
अपने गाँव से अपने बूढ़े बीमार माँ बाप को
अपने घर ले आया है और वे दोनों

अन्त का उजाला

उसके घर की डेवढ़ी में दो चारपाइयों पर
दिन रात चुपचाप सीधे लेटे रहते हैं
सफ़ेद बिस्तरों पर सफ़ेद चादरों से ढके हुए
डेवढ़ी का दरवाज़ा दिन भर खुला रहता था
लड़के सुबह शाम किसी न किसी बहाने
उस दरवाज़े के आस पास मँडराते रहते
और उन दोनों को ऐसे घूरते जैसे
सरकस के दो अद्‌भुत हैवानों या इनसानों को
मैं अक्सर तब वहाँ जाता जब कोई और वहाँ न
होता
कई बार स्कूल से छुट्‌टी मारकर
घंटों उस दरवाज़े के बाहर खड़ा उन दोनों
को देखता रहता और भूल जाता कि उन्हें देख रहा हूँ
मुझे पता नहीं चलता था कि बुढ़िया किस चारपाई पर
है बूढ़ा किस पर
दोनों के बिस्तर साफ़ और सफ़ेद होते थे
दोनों की आँखें बन्द
दोनों के चेहरे दो पिचके हुए जूतों जैसे
दोनों के माथों पर सफ़ेद पटके से बँधे रहते थे
लड़के कहते वे पटके उन के शहीदी क़फ़न हैं
चारपाइयों के बीच एक स्टूल पर एक सुराही

और पीतल के दो ग्लास औंधे पड़े रहते थे
मैंने कभी उन दोनों में से किसी को पानी पीते नहीं
देखा था
न ही हिलते डुलते
न ही कोई बात करते या कराहते सुना
साँस रोके और खुले मुँह मैं एकटक उन्हें देखता
रहता
आगे को झुका हुआ
जैसे कोई शिकारी या शिकारी कुत्ता
देखते देखते मैं किसी बेगानी दुनिया में भटकने
लग जाता
सहमा और सिमटा हुआ
मैं हमेशा वहाँ नंगे पाँव ही जाता
वह गली हमेशा सुनसान नज़र आती
मैं चाहता वे पानी माँगें और मैं लपककर
सुराही के पास जा पहुँचूँ
मुझे यक़ीन नहीं आता था वे ज़िन्दा हैं
मन करता रहता कोई कंकर या आवाज़ फेंककर
देखूँ
कभी कुछ फेंक नहीं सका
बस एकटक देखता रहता

अन्त का उजाला

खटका लगा रहता रावण किसी भी क्षण प्रकट हो
पकड़ लेगा और घंटों पकड़े रखेगा
वह खटका भी शायद मुझे वहाँ खींच ले जाता हो
लेकिन मैं कभी पकड़ा नहीं गया
अपने स्वप्नों में मैं अक्सर पकड़ लिया जाता था
रावण से भी और उन दोनों से भी
स्वप्नों में रावण कभी कभी राम बन आता
वे दोनों कभी कभी एक हो जाते
और मुझसे पानी माँगते
जब मैं लपककर उस सुराही को उठा लेता
वह छोटी सी लाठी में बदल जाती
वे दोनों ग़ायब हो जाते मैं रोने लगता
स्वप्नों में वे कभी कभी ही आते थे
उस सूनी सुनसान गली में खड़े खड़े मैं जब
उनको घूर रहा होता तो मुझे लगता मैं उनके
स्वप्नों में घुस उनको घूर रहा हूँ
मैं घबरा उठता लेकिन घूरना बन्द नहीं करता
फिर एक दिन अचानक उनके चल देने की अफ़वाह
क़स्बे में फैल गई और सच निकली
कुछ लड़के कहते हमने अपनी आँखों से उन
दोनों को मरते देखा है एक साथ

बाक़ी के लड़के कहते बकवास
कुछ लड़के कहते रावण ने ही तंग आकर
उन दोनों को मार दिया होगा
बाक़ी के बोल उठते बकवास
कुछ लड़के कहते वे दोनों जब गाँव से
लाए गए थे तो वे मरे हुए थे
बाक़ी के चिल्ला उठते बकवास
मसान उस शाम खचाखच भरा हुआ था
कोई कहता बुढ़िया पहले मरी कोई कहता बूढ़ा
दोनों मौतों के बीच वक़्फ़ा ज़्यादा नहीं था
मास्टर और मास्टरनी ने दोनों को मरे हुए पाया था
हो सकता है दोनों की जान एक साथ ही निकली हो
उनके अन्तिम संस्कार के बाद कई दिनों तक क़स्बे
में उनकी ही चर्चा गर्म रही थी
उस चर्चा में उनकी जान एक साथ ही निकली थी
वे कर्मों वाले थे
सब कहते ऐसी मौत सबको मिले
ऐसा सपूत सबको मिले
साक्षात् श्रवण कुमार है वह
कई दिनों तक हम लड़के लोगों की नक़लें उतारते
रहे थे

उन्हीं नक़लों के दौरान ही न जाने कब और क्यों
उस मास्टर को रावण कहना हमने बन्द कर दिया
था
और उसने आगे पीछे खुजलाना दाँत पीसना
और लड़कों के कान उमेठना
फिर कई दिनों तक वह छुट्टी लेकर घर बैठ गया था
जब लौटा तो उसका क़द एक फ़ुट कम हो गया था
और उसके हाथ पैर दो दो इंच
अब हमें उससे डर लगता था न उस पर
हँसी आती थी
अब हमें उस पर तरस आता था
लेकिन फिर मैंने चुपचाप उन दोनों की याद से
डरना शुरू कर दिया
और उन दोनों ने मेरे स्वप्नों में आकर मुझे डराना
अब वे दोनों मेरे स्वप्नों में कभी एक नहीं होते थे
न ही मुझसे पानी माँगते थे
न ही ग़ायब होते थे
वे सपने अब मैं भूल गया हूँ लेकिन
वह डर नहीं भूला जो सपनों में उन दोनों से मुझको
आता था
कभी कभी वह डर अब भी आ जाता है

सपनों में भी वैसे भी
अब सोचता हूँ हम लड़कों ने उसको
श्रवण कुमार क्यों नहीं कहा

अब अक्सर यह भी सोचता हूँ
शायद हम दोनों भी उन दोनों की तरह
एक ही दिन या एक ही क्षण चल देंगे
लेकिन डॉक्टर कहता है ऐसा होगा नहीं
कहता है एक ही दिन चल देने की सम्भावना सिफ़र
एक ही क्षण चल देने की सिफ़र से भी कम

बीवी

शौकत कहता है डॉक्टर चाहे तो ऐसा हो सकता है

मियाँ

तो तुम शौकत से यह बात कर चुकी हो

बीवी

हाँ तुमने नीरू से नहीं की

मियाँ

नहीं

बीवी

अब कर देखना किसी दिन

जी हल्का हो जाएगा जैसे मेरा हो गया था
शौकत से पहल मैंने नहीं की थी
वह ही एक शाम पीकर
बहक उठा था

मियाँ

मैं कहाँ था

बीवी

तुम ऊपर काम या आराम कर रहे थे
बात मौत की चल निकली थी
बुढ़ापे और मौत की
हमारे बुढ़ापे और हमारी मौत की
मौत को लेकर हमारे आदेशों की
हमारी इस चिन्ता की जब हममें से एक चल देगा
तो दूसरे का क्या होगा
तब मैंने थोड़े से शब्दों में उन दोनों
का यह क़िस्सा उससे कह डाला था
और शौकत बोला था
वैसा संयोग तो शायद ही सम्भव हो
हाँ डॉक्टर चाहे तो सम्भव हो सकता है

मियाँ

डॉक्टर क्यों चाहेगा

बीवी

क्यों नहीं क्या वह हमारा दोस्त और सन्त नहीं

मियाँ

है इसीलिए हत्यारा शायद ही बन पाए
और फिर क़ानूनी उलझनें भी तो होती हैं

बीवी

शौकत ने उनके बारे में भी सोच रखा है

मियाँ

शौकत कुछ झिझका तो होगा

बीवी

शौकत निर्मोही है तुम जानते हो

मियाँ

नीरू तो झिझकेगी

बीवी

नीरू और शौकत एक नहीं

मियाँ

तुम और मैं भी तो एक नहीं

बीवी

कुछ नया कहा होता

मियाँ

हम एक नहीं इसीलिए अभी तक बँधे हुए हैं
एक दूसरे से

बीवी

और बँधे रहेंगे आख़िर तक
लेकिन इसीलिए नहीं इसलिए भी
क्योंकि किसी भी कार्य का एक ही कारण कभी
नहीं होता

मियाँ

कभी नहीं
नीरू और शौकत क्यों नहीं बँध पाए

बीवी

क्योंकि वे हम दोनों से बँधे हुए हैं
नीरू तुमसे
शौकट मुझसे

लेकिन एक तरीक़े से वे दोनों एक दूसरे से
भी बँधे हुए हैं

(ख़ामोशी)

मियाँ

मैं ऊपर जा रहा हूँ
(जाता नहीं)

बीवी

कब से कह रहे हो अब चले भी जाओ
दिन में सौ बार ऊपर जाते हो
सौ बार नीचे आते हो
लेकिन आज

मियाँ

आज नहीं आजकल दस बार कहता हूँ
ऊपर जा रहा हूँ एक बार जाता हूँ
डरता रहता हूँ ऊपर जाने के बाद
कुछ हो गया मुझे या तुम्हें
आवाज़ भी न दे सका तो
तुम घंटी भी न बजा सकी तो

बीवी

ये बातें बच्चों की सी ये डर बच्चों के से

मियाँ

डरे हुए बूढ़ों की बातें बच्चों की सी
डर बच्चों के से

बीवी

अब चले भी जाओ
कुछ नहीं होगा तुम्हें या मुझे
कुछ ऐसा नहीं होगा जिसके लिए हम तैयार नहीं

मियाँ

लेकिन अगर हो गया तो

बीवी

क्या कहलवाना चाहते हो

मियाँ

एक बार फिर कह दो
कुछ नहीं होगा तुम्हें या मुझे

बीवी

कुछ नहीं होगा तुम्हें या मुझे

मियाँ

कोई सुने तो क्या कहे
क्या नाटक कर रहे हैं ये बूढ़े

बीवी

कई सुन रहे होंगे कह रहे होंगे
सुनते रहें कहते रहें हमें क्या

मियाँ

तो जाऊँ

बीवी

जाओ

मियाँ

जाने से पहले ख़ुदा हाफ़िज़ कहूँ

बीवी

कह दो

मियाँ

ख़ुदा हाफ़िज़

बीवी

ख़ुदा हाफ़िज़

मियाँ

कोई सुने तो समझे हम मुसलमान हो गए हैं
आख़िरी उम्र में

बीवी

तुम तो शुरू से ही आधे मुसलमान हो

मियाँ

अब तुम भी होती जा रही हो

बीवी

तुम ख़ुदा का नाम तो लेते रहते हो
उसकी हस्ती में विश्वास नहीं करते

मियाँ

न ही उसकी नेस्ती में

बीवी

आज यह बात यहीं ख़तम

मियाँ

ऊपर जाने से पहले मैं कुछ कहना चाहता था
लेकिन अब भूल गया
जब तक वह याद नहीं आती
यहीं क्यों न पड़ा रहूँ

लो वह याद आ गई
कह दूँ कहे देता हूँ
यह बताओ शौकत के लिए अब भी हुमक
होती है

बीवी

हाँ होती है

मियाँ

और मेरे लिए

बीवी

होती है

मियाँ

और किसी के लिए

बीवी

कभी कभी

मियाँ

अब तुम पूछो

बीवी

नीरू के लिए अब भी हुमक होती है

मियाँ

हाँ होती है

बीवी

और मेरे लिए

मियाँ

होती है

बीवी

और किसी के लिए

मियाँ

कभी कभी

बीवी

अब यह बात भी हो गई अब जाओ ऊपर

मियाँ

तुम क्या करोगी

बीवी

अपने मन का मनोखेल देखूँगी
काम और अन्त के बारे में सोचूँगी
घबरा उठी तो घंटी बजा दूँगी

मियाँ

मैं भागा भागा नीचे आ जाऊँगा

बीवी

किसी दिन सीढ़ियों में गिर जाओगे

अब भागना ठीक नहीं

मियाँ

मैं भी यही सोचता हूँ

लेकिन घंटी सुन घबरा जाता हूँ

बीवी

घंटी उतरवा क्यों न दें

मियाँ

अब चलने ही क्यों न दें

बीवी

अच्छा अब जाओ भी

यह मत कह देना मन नहीं

मियाँ

तुम्हें इतना ग़ुस्सा क्यों आने लगा है आजकल

बीवी

मैं नहीं जानती क्यों

मियाँ

मानती हो

बीवी

मान लेती हूँ लेकिन अब जाओ ऊपर

मियाँ

मुझे अब किसी भी बात पर पहले जैसा उबाल
नहीं आता

बीवी

शिकायत कर रहे हो या शुक्रिया

मियाँ

दोनों

बीवी

ग़नीमत मानो अब भी हुमक लेते हो
नीरू के लिए
मेरे लिए
और किसी के लिए भी कभी कभी

मियाँ

शिकायत कर रही हो या शुक्रिया

बीवी

दोनों

मियाँ

अब हमारे सवाल जवाब शिकवे आरोप तनावहीन

बीवी

शिकायत या शुक्रिया

मियाँ

दोनों

बीवी

शिकायत ज़्यादा या शुक्रिया

मियाँ

मात्रा बदलती रहती है

बीवी

मैं जानती थी तुम यही कहोगे

मियाँ

मैं जानता था तुम यही कहोगी

दोनों

(एक साथ) शिकायत या शुक्रिया

दोनों

(एक साथ) दोनों

(दोनों की शब्दहीन हँसी। अँधेरा। फिर कुछ क्षणों बाद उजाला। बीवी अपनी कुर्सी में। दूसरी ख़ाली।)

बीवी

(आँखें बन्द कर लेती है और यूँ बोलना शुरू कर देती है जैसे सोई सोई बोल रही हो, किसी स्वप्न में।)

आज उसने अपनी कहानी में फिर कुछ जोड़ दिया
कुछ छोड़ दिया
जो जोड़ा और छोड़ा क्यों जोड़ा क्यों छोड़ा
क्या जान बूझकर या वैसे ही
क्या कोई भी कहानी हू ब हू कही ही नहीं जा
सकती दोबारा
मैं सोचती रही मुमकिन है मैं ही
कुछ कमोबेश सुन रही हूँ
मैं ही कुछ जोड़ रही हूँ कुछ छोड़
हर बार कहानी बदल सी जाती है
और उसका असर भी
मैं सोचती रही और सुनती रही और सोचती रही
लगता रहा जैसे बरसों से उसे ही सुन रही हूँ
बीच बीच में ऊँघती भी रही

अन्त का उजाला

लगता रहा कोई स्वप्न देख रही हूँ
किसी स्वप्नलोक में किसी स्वप्नलोक का
कोई स्वप्नद्रष्टा उनकी कथा कह रहा है
हम दोनों उन दोनों में बदल गए हैं
हमारी कुर्सियाँ उन चारपाइयों में
वे चारपाइयाँ दो ग़ालीचों में
जिन पर अधलेटे हम महाशून्य में
उड़े जा रहे हैं
उड़ती उड़ती मैं उसकी आवाज़ सुनती रही
हैरान होती रही हम कहाँ उड़े जा रहे हैं
इस बँगले को देखती रही
इस सारे संसार को
क्या नीचे कोई सोच रहा होगा
हम कहाँ हैं कहाँ खो गए कहाँ उड़ गए
क्या हमारी कायाएँ वहीं छूट गईं
क्या हम हवा हो गए
वह भी क्या यही सोच रहा होगा
वह कहीं और न जा पहुँचा हो
जब हम इस आलम से नीचे उतरेंगे
तब क्या होगा
मैं अब हूँ या नहीं

वह वहीं न रह गया हो
उसकी आवाज़ ही मेरे साथ उड़ रही हो
मुझे उड़ा लाई हो
उसकी आवाज़ और कहानी
जिसमें उसने फिर कुछ जोड़ दिया
कुछ छोड़ दिया
यह सब मैंने तब सोचा था
या अब सोच रही हूँ
पड़ी पड़ी मैं सो तो नहीं गई
सोई सोई मर तो नहीं रही
होंठ मुस्करा रहे हैं मैं नहीं
मैं उड़ रही हूँ
अब उड़ रही हूँ
या तब उड़ी थी
और अब उस उड़ान को अनुभव कर रही हूँ
उसमें कुछ जोड़ छोड़ रही हूँ
उसकी कहानी सुन और सुना रही हूँ
अब उतर रही हूँ नीचे शायद
मेरे मन ने ही कोई नया खेल खेला हो
या यह उड़ान मेरे तन की नातवानी का ही
या एक करिश्मा हो

अन्त का उजाला

डॉक्टर से पूछूँगी
जो अब सन्त बनता जा रहा है
वह कह देगा यह अन्त का ही
पूर्वाभास या पूर्वाभ्यास
बूढ़ों और बीमारों को ऐसे अनुभव अक्सर होते हैं
बीमार बूढ़ों को और अक्सर
सबको नहीं सिर्फ़ उनको
जो अन्त में आतंकित रहते हैं
उसके अर्थ और अनर्थ से
उसके अँधेरे और उजाले से
उसके अँधेरे के उजाले से
उसके उजाले के अँधेरे से
डॉक्टर यह सब कह देगा
मैं उससे पूछूँगी
क्या तुम भी कभी इस तरह उड़े हों
उड़ते उड़ते उलझ गए हो
नीचे उतर आने पर सोचा है
इस अनुभव के बारे में
और पूछा है किसी और से
वह टाल देगा कह देगा
मैं तुम दोनों की दुर्दशा से अभी इधर ही हूँ

मैं तुम दोनों से छोटा हूँ
नीरू और शौकत से भी
और फिर मैं सन्त भी तो हूँ
सन्त बूढ़े नहीं होते
अन्त से आतंकित होते हैं
न उसके अर्थ और अनर्थ से
न उसके अँधेरे और उजाले से
सन्तों का अन्त नहीं होता
और फिर वह खोखली हँसी में खो जाएगा
और मैं सूखे पत्तों की खनक की यादों में
वह पूछेगा कहाँ खो गई
मैं खोई रहूँगी बात वहीं बैठ जाएगी

(ख़ामोशी)

डॉक्टर अभी तक अकेला क्यों
वह कहता है मैं अकेला कहाँ
तुम हो तुम दोनों और तुम्हारे शौकत नीरू
और मेरे वे इतने सारे मरीज़ मुरीद
नीरू और शौकत भी तो अकेले हैं
वे और ज़्यादा
कभी कभी शक होता है वे असली नहीं

इस शक को सोया ही रहने दो
डॉक्टर कहता है
मैं ख़ुद भी यही सोचती हूँ वह भी
कभी कभी शक होता है हम सब मनघढ़त
मैं वह मेरा शौकत उसकी नीरू डॉक्टर सब
इस ख़याल से ख़ौफ़ क्यों नहीं आता
उस ख़ौफ़ को भी सोया रहने दो
मेरा शौकत उसकी नीरू
यह खेल शुरू कब हुआ
डॉक्टर ने उन दोनों से पूछा तो होगा
तुम दोनों अकेले क्यों
उसने उन्हें सलाह दी होगी
तुम दोनों एक हो जाओ
कोई भी दो कभी एक नहीं होते
हम अभी तक नहीं हुए
एक हो जाना नामुमकिन
साथ साथ एक उम्र काट लेना ही काफ़ी
शौकत ने कह दिया होगा पागल हो
नीरू मुस्करा दी होगी
मेरा मन भी अब मुस्करा रहा होगा
इस अजीब बुढ़िया की ग़रीब कल्पनाएँ

अन्त का उजाला

इसके ये नाटक
फिर कहती है मैं खेल खेलता हूँ
यह ख़ुद ही खेल खेलती और खिलाती है
मैं उन खेलों का इक गूँगा दर्शक
अदना आलोचक
मेरी माने तो गोली खाकर काले सपने देखे
इन दोनों का वह डॉक्टर भी अजीब
दवा के बजाय दुआ देता रहता है
वह भी उलझी हुई
या फिर उखड़े उखड़े उपदेश
कभी कभी लगता है वह चेख़ॉफ़ का ही कोई
जाया है
असली डॉक्टर ऐसे नहीं होते
मैं अपने मन से यह क्यों सुचवा रही हूँ
या मेरा मन मुझसे यह
मैं उससे वही सुचवाती हूँ
जो मैं समझती हूँ वह सोच सकता है
बस बस बस बस बस
ये बारीक़ियाँ मानसिक अय्याशी
यह ग़ुस्सा क्यों अचानक किस पर
उस ऊपर वाले पर

अगर वह है तो उठा क्यों नहीं लेता अब
क्यों बूढ़े खेल खेल रहा है हम बूढ़ों से
अब ले क्यों नहीं लेता जान
क्यों एड़ियाँ रगड़वा रहा है रिरियवा रहा है
सता रहा है आज़मा रहा है
वह कुछ भी नहीं कर रहा
मैं जानती हूँ

(ख़ामोशी)

वह ऊपर बैठा क्या कर रहा होगा
शायद यही जो मैं नीचे बैठी
पूछूँगी तो कह देगा कुछ नहीं
मानसिक मैथुन की लत सब बूढ़ों को
अब इस इन्तहा पर जिस रोग या राग से
विचार या विकार से
पाप या पश्चात्ताप से
जितना रस मिल जाए वही ग़नीमत
हुमक हो जाती है यही ग़नीमत
शौकत के लिए उसके लिए कभी कभी
डॉक्टर के लिए भी कुछ औरों के लिए भी
उसने डॉक्टर से भी पूछा तो होगा

उसे पूछने की कलाकाराना छूट
वह मुझे भी है मैं पूछती नहीं
डॉक्टर क्या अब भी कभी कभी
किसी के लिए हुमकते हो किसके लिए
डॉक्टर ने कह दिया होगा
अब हुमके क्या होत

(शब्दहीन हँसी)

अब हँसी अपनी सोच और सोची हुई बेवक़ूफ़ियों
पर ही
वह भी अक्सर तब जब कोई दूसरा नहीं होता
वह हँसी होंठों की हवा भर
अचानक आ जाती है जैसे हिचकी
ग़नीमत है वह ग़मज़दा हँसी भी
रोना अब किसी बात पर नहीं आता
मन होता है आए आता नहीं
चाहूँ तो इसे भी एक ग़नीमत कह सकती हूँ
ऐसी ग़नीमतों की बूढ़ों को कोई कमी नहीं

(ख़ामोशी)

बुढ़ापे लम्बे होते जा रहे हैं
नई नई दवाओं के कारण

उन दवाओं में मिलावट के बावजूद
हर चीज में मिलावट के बावजूद
पेटभरू कूड़ा ख़ूराक के बावजूद
लापरवाह लालची डॉक्टरों के बावजूद
नई नई बीमारियों के बावजूद
नई नई दुर्घटनाओं के बावजूद
दंगों और जंगों के बावजूद
भूख और ग़ुरबत और शोषण के बावजूद
उम्रें लम्बी होती जा रही हैं
बुज़ुर्गों की दुआ ने मार डाला
पहला मिसरा क्या था हाँ
मुसीबत और लम्बी ज़िन्दगानी
सोचा था इस पर शायद हँसी आ जाए
पहले आती थी अब नहीं आती
हो सकता है वह ऊपर बैठा
ग़ालिब पर ही झूम रहा हो
या उस जैसा कुछ लिख जाने के ख़ाम ख़याल पर
कुछ भी हो काम का दामन पकड़े रहता है
कहता है तुम भी मत छोड़ना
कामी बूढ़े कम बूढ़े नज़र आते हैं
वह कामी मैं कामिनी

कलाकार सब कामी और क्रोधी
और कुछ कुछ कपटी भी
कला और प्रेम की उम्र नहीं होती
होती तो है होनी नहीं चाहिए
पागलपन और पाप की भी
कला पाप और पागलपन

(ख़ामोशी)

झपकी आ गई थी शायद
या छोटा सा झटका
पाप और पागलपन के ख़याल पर
ऐसे ख़याल इस उम्र में क्यों
क्यों नहीं
ख़याल और ख़्वाब उम्र देखकर नहीं आते
देर से मिली इस आज़ादी
का मज़ा कसैला बेशक लेकिन है यही ग़नीमत
यह आज़ादी बूढ़ी और सीमित बेशक
लेकिन है यही ग़नीमत
यह पागलपन यह पाप
शौकत डॉक्टर नीरू वह
कविताएँ और तसवीरें

यह लड़खड़ाती लौ यह चमत्कार
सबके आगे मैं नतमस्तक
मैं पापिन पागल बुढ़िया
मैं चिरयौवना

(ख़ामोशी। अँधेरा। उजाला। मियाँ ऊपर अपनी मेज़ पर)

मियाँ

कई बार इसकी ख़ातिर ज़र्रे ज़र्रे का जिगर चीरा
मगर यह चश्मेहैराँ इसकी हैरानी नहीं जाती

(ख़ामोशी)

कई बार वह कहानी उसे सुनाई है
हर बार उसने यही कहा
इस बार फिर तुमने कुछ जोड़ दिया
कुछ छोड़ दिया
यह सुन मैं ख़ुश हो जाता हूँ
शायद वह इसीलिए यह कहती है
शायद सुनाता नहीं लिखता हूँ
सुनाते सुनाते लिखने लग जाता हूँ
और वह पढ़ने
हर बार उसे उसमें कुछ नया दिख जाता है

मैं ख़ुश हो जाता हूँ
हर बार हम दोनों उन दोनों की तरह
एक ही दिन मर जाने की कामना करते हैं
मैं यह कामना हर रात करता हूँ और
वह कामना के साथ प्रार्थना भी
कहती है असर न हो नुक़सान नहीं होगा
मेरी कामना ही मेरी प्रार्थना भी
उन दोनों ने भी यह कामना प्रार्थना की होगी
कहानी में इस आशय का कोई संकेत नहीं
क्या होना चाहिए
उससे नहीं पूछूँगा
हो सकता है उसे सुनाई दे जाता हो
हो सकता है वह वह सब भी सुन लेती हो
जो मैं कहता नहीं कहना चाहता हूँ
इसीलिए उसे लगता हो मैंने कुछ जोड़ दिया
कुछ छोड़ दिया।
वह ख़ुद भी कुछ जोड़ और कुछ छोड़ देती होगी
सुनते सुनते
यह कहानी अब उसकी भी मेरी भी उन दोनों की
भी

(ख़ामोशी)

अगर मैंने उन दोनों को न जाने कितनी बार
देखा न होता विस्फारित आँखों से
उनकी ख़ामोशी से मुझको दहशत न हुई होती
अगर वहाँ खड़े खड़े मेरी साँस उखड़ती न रहती
मेरे दिल की धड़कन मुझे सुनाई न देने लगती
अगर उन्हें निहारते वक़्त मुझे यह न लगता कि
मैं साक्षात् मौत को देख रहा हूँ
उसके हुज़ूर में खड़ा हूँ
अगर उस पेशी के दौरान मैं भूल न जाता
कि वे दोनों मेरे मास्टर के माता पिता हैं
अगर मुझे यह डर न होता कि वे अचानक एक साथ
उठ बैठेंगे और कह देंगे
क्या देख रहे हो क्यों देख रहे हो
अगर मेरे मन में यह ख़याल न आता रहता
उनकी मौत एक ही दिन होगी
सब बूढ़े जोड़ों की एक ही दिन होनी चाहिए
अगर हर बार वहाँ से हिलने से पहले
मेरे मन में उन दोनों को मार डालने की ख़्वाहिश
न उठती
और मैं उस ख़्वाहिश पर काँप न उठता

अन्त का उजाला

मेरी आँखें सुलग न उठतीं
मेरे नाख़ूनों से धुआँ न फूट निकलता
मेरा गला सूख न जाता
मेरी जीभ तालू से न जा चिपकती
तो शायद ही मैंने उनकी कहानी
बार बार सुनाई होती
तो शायद ही मैंने यह कामना की होती
कि हम दोनों का अन्त एक ही दिन हो
तो शायद ही उसे यह लगता कि मैं हर बार
कुछ जोड़ और कुछ छोड़ देता हूँ
तो शायद ही मैं अब ऊपर बैठा यह सोच रहा होता
वह नीचे बैठी क्या सोच रही है
वह नीचे बैठी यह सोच रही होगी
मैं ऊपर बैठा क्या सोच रहा हूँ
तो शायद ही हम अब तक
एक दूसरे के साथ होते
एक साथ समाप्त हो जाने की कामना कर रहे होते
उन दोनों से ईर्ष्या कर रहे होते
अगर वे दोनों मुझको हर बार
एड़ी से चोटी तक सफ़ेद चादर से ढके हुए न
दिखते

तो शायद ही उनकी दहशत मेरे भीतर अंकित हो
जाती
जब जब मैंने उसको उन दोनों की
कहानी सुनाई है तब तब महसूस किया है
कुछ छूट गया है कुछ ऐसा जो बहुत ज़रूरी था
जिसे पकड़ लाना बहुत ज़रूरी है
इसीलिए मैं आख़िर तक उसको यह कहानी
बार बार सुनाता रहूँगा और हर बार महसूस करूँगा
कुछ फिर छूट गया कुछ फिर रूठा रहा
और वह कहती रहेगी
तुमने आज फिर कुछ जोड़ दिया कुछ छोड़ दिया
वह अनुभव इक बीज अनुभव बन भीतर बैठा है
उसकी अभिव्यक्ति की कोशिश ही मेरी रचनात्मक
काविश–
उनकी कहानी के बहाने मैं अपनी इस काविश
का ही एक और नाक़िस नमूना पेश कर देता हूँ
इस आशा से कि किसी दिन अचानक
इसके सब दोष दूर हो गए दिखाई देंगे

(ख़ामोशी)

इस काविश की शिद्दत भी अब कम हो रही है

अन्त का उजाला

यह मेरा भ्रम नहीं हक़ीक़त है
इसीलिए मेरा क्रन्दन भी कम होता जा रहा है
पहले जब वह कम होता था
मैं ख़ुद कम हो जाता था
अब नहीं अब ख़ुश होता हूँ
अब लगता है जो होना था हो चुका
जो हो सकेगा होता रहेगा
अब तड़पना बेकार
अब यह रंज नहीं कि काविश
की शिद्दत कम होती जा रही है
अब साग़रोमीना सामने रहें यही ग़नीमत
आँखें उन्हें सहलाती रहें वे आँखों को
और जब उन्हें भी उठा लिया जाएगा तो
वह भी मंज़ूर
अब शिकवे की ख़्वाहिश होती है न उसके जवाब
की
अँधेरे में सीटी तो नहीं बजा रहा
तो क्या हुआ
सीटी बजा सकता हूँ यही ग़नीमत
चीख़ नहीं रहा यही ग़नीमत
अँधेरे के उजाले ने निगल नहीं लिया यही काफ़ी

अन्त का उजाला

‘ग़नीमत’ से उतरकर ‘काफ़ी’ पर आ गया
जब ऊपर आना नामुमकिन हो जाएगा
तो नीचे ही पड़ा रहूँगा
जब अभिव्यक्ति नामुमकिन हो जाएगी
तो मौन को ही अभिव्यक्ति मान लूँगा
जब मौन मौत में बदल जाएगा
तो मुक्त हो जाऊँगा सब कुछ से
सब कुछ नहीं से
अब उस अवस्था से आतंकित नहीं होता
अब उसकी कल्पना से कतराता नहीं
अब भी उसकी कल्पना अधूरी है
अब उसका अधूरापन भी मंज़ूर
अब अपना अधूरापन भी मंज़ूर
अब सब कुछ मंज़ूर
सब कुछ नहीं मंज़ूर
फ़ना मंज़ूर यह इन्तहा मंज़ूर
बाक़ी बची बक़ा मंज़ूर
होना न होना मंज़ूर
तो क्या लामकाँ हो जाने से पहले
तौबा कर रहा हूँ और
करदा नाकरदा गुनाहों का इक़बाल

महाशून्य के सामने सिजदा
दुआ माँग रहा हूँ
इल्तिजा कर रहा हूँ
कोई ऐसी दुआ जो अभी तक नहीं माँगी थी
कोई ऐसी इल्तिजा जो अभी तक नहीं की थी
नहीं जानता क्या कर रहा हूँ
नहीं जानता क्यों कर रहा हूँ
नहीं जानता इसीलिए कर रहा हूँ
अब यह अज्ञान मंज़ूर

(ख़ामोशी)

लेकिन यह स्वीकार भी क्या बेमानी नहीं
और स्वीकार के ये सारे दावे
क्या बेमानी नहीं
यह आवाज़ कहाँ से आई
यह एतराज़ कहाँ से कौंधा
साबित हुआ क्रन्दन अब भी जारी है
क्रन्दनकक्ष अभी नन्दनकक्ष नहीं बना
मुझसे नहीं बना
मुझसे नहीं बनेगा
मुझसे बन ही नहीं सकता

यह मान लेने से भी कुछ नहीं होगा
और यह मान लेने से भी
कि यह मान लेना बेमानि है
कि स्वीकार भी बेमानी इनकार भी
अन्त के उजाले में
अन्त भी बेमानी अनन्त भी
और यह अनास्थानाद भी
यह अनास्थानाद अन्त का ही
एक बेमानी प्रतिरोध भर शायद
अन्त के उजाले का भी शायद
उसके अँधेरे का भी शायद
उसके अँधेरे के उजाले का भी शायद

(ख़ामोशी)

मानी का मानी क्या होता है
मानी का मानी मिल जाने से भी क्या होगा?
कुछ सवाल पूछे ही नहीं जाने चाहिए
इस इन्तहा पर तो हरगिज़ नहीं
इस इन्तहा पर तो इकगूना बेख़ुदी ही
दिन रात चाहिए
लेकिन किसी किसी निर्मम आलोक में

अन्त का उजाला

बेख़ुदी की ख़्वाहिश भी बेमानी
बेख़ुदी भी बेमानी
दिन रात भी बेमानी
सारी कायनात बेमानी
और यह सवाल भी बेमानी
कि यह बेमानि कायनात किसकी करामात
कुछ सवाल पूछे ही नहीं जाने चाहिए
इस इन्तहा पर
किया क्या जाए
कुछ भी नहीं
कुछ भी नहीं करना नामुमकिन
अगर हूँ तो करूँगा कैसे नहीं
जब तक हूँ तब तक करूँगा
न होता मैं तो क्या करता
न होता मैं तो क्या होता
यह सवाल भी होने के बाद ही उठाया जा सकता है
वही उठा सकता है जो हो चुका है
होना मेरे इख़्तियार में नहीं था
न होना मेरे इख़्तियार में है
होने के बाद न होना
मैं अपनी रज़ा से नहीं हुआ

होने से पहले मैं अगर था ही नहीं
तो मेरी रज़ा कैसे हो सकती थी
अब मैं अपनी रज़ा से अपनी क़ज़ा चुन सकता हूँ
अपनी रज़ा से शुरू नहीं हुआ ख़त्म हो सकता हूँ

(ख़ामोशी)

ख़त्म हो सकता था अपनी रज़ा से अब नहीं
सोचता ही रहा किया कुछ नहीं
कोई नाकाम कोशिश भी नहीं की
बस सोचता ही रहा
बेशुमार असफल आत्महत्यारों की तरह
जो धमकियाँ देते देते बूढ़े हो जाते हैं
मैंने तो वे भी नहीं दीं
बस सोचता ही रहा
या अँधेरे में अँधरे से दुआ माँगता रहा
कि सोया सोया सो जाऊँ
और अब तो सोचने में भी संकोच
अब आत्महत्या में क्या तुक
हाँ दोनों कर लें एक साथ तो बात दूसरी
उन दोनों की तरह एक साथ मरने की ख़ातिर
डॉक्टर अगर मदद करने पर राज़ी हो जाए तो

वह राज़ी नहीं होगा
और वह असली आत्महत्या भी नहीं होगी
डॉक्टर नहीं मानेगा क्यों मानेगा
पूछेगा बाद में मेरा क्या होगा
नीरू और शौकत का वय होगा
हम पाँचों अगर सामूहिक आत्महत्या कर लें तो
बाद में तरह तरह की अफ़वाहें
वे पाँचों पागल थे
बरसों से न जाने क्यों इस उजाड़ में
एक दूसरे से उलझे हुए
एक दूसरे पर फ़िदा
वह डॉक्टर अजीब मुसलमान या पारसी शायद
वे मियाँ बीवी सनकी
और उनके बच्चे जिन्हें कभी किसी ने यहाँ नहीं देखा
शायद वे भी बूढ़े
हो सकता है वे हों ही नहीं
होते तो कभी तो आते
इस मौक़े पर तो आते ही
वे सब बूढ़े लेकिन बदमाश पियक्कड़
कुछ पूछो मत
सामूहिक आत्महत्या कैसे कर ली

हो सकता है तान्त्रिक हों
पुलिस को उनकी किताबों काग़ज़ों में शायद
कोई सुराग़ लेकिन हमारी पुलिस अनपढ़
वह कुछ करेगी नहीं कर ही नहीं सकती
सोचेगी ख़स कम जहाँ पाक
सोचेगी नहीं सोच नहीं सकती
टीवी वालों की मौज
वे शायद कुछ चटपटा खोद निकालें
चार पाँच दिन बाद वे भी ठंडे पड़ जाएँगे
उन्हें नित नई दुर्घटना चाहिए
बूढ़ों की बदकारियाँ बासी
तो क्या ये बूढ़े बदकार
पैसे का घपला तो नहीं
प्यार या व्यभिचार का शायद हो
बूढ़े प्यार और व्यभिचार का
व्याग्रा बरामद हुआ क्या
या कुश्तों की पुड़ियाँ
हमदर्दी न सही चटख़ारे तो मत लो
बेचारे बूढ़े न होते तो और बात थी
आजकल के बूढ़े जवानों से बढ़कर बदतर
पढ़े लिखे बूढ़े ख़ास तौर पर

और ये तो ख़ूब पढ़े लिखे थे
इन ने तो दुनिया देखी थी
जम कर खाते पीते थे अय्याशी करते थे
आधी आधी रात तक बैठे रहते थे
नशेड़ी नज़र आते थे
कहते हैं दो की तो लाशें ही नहीं मिलीं

(ख़ामोशी)

क्या क्या सोच गया बेकार
वह सोचती सोचती सो गई होगी नीचे
अक्सर सो जाती है
मैं सोया सोया भी सोचता रहता हूँ
वह कहती है तुम नींद में भी न न करते रहते हो
मेरी इस न न में ही मेरी ताक़त
अब ताक़त का गुमान भी नहीं
न ही कमज़ोरी का रंज
न ही पश्चात्ताप की पीड़ा
न ही अपराध बोध की आग
न ही उपलब्धि का गर्व
न ही बोध का बोझ
न ही अन्त का आतंक

तो अब जीने का जीते रहने का जवाज़ क्या है
बाक़ी बचा जीवन
उसे गुज़ारने की मजबूरी या ज़िम्मेवारी
आत्महत्या अब बोसा बाद अंज़ाल
नहीं कर सकूँगा नहीं करूँगा
इस ख़याल के साथ खेल अब ख़त्म
अब नीचे उसके पास

(ख़ामोशी। अँधेरा। फिर उजाला। मियाँ नीचे बीवी के साथ अपनी कुर्सी पर)

बीवी

डॉक्टर ने आज इतनी देर क्यों कर दी
शायद उन दोनों के साथ बैठ गया हो
नीरू के घर या शौकत के
फ़ोन कर देखो

मियाँ

आ जाएगा जल्दी क्या है
जब वे तीनों कहीं बैठते हैं
तो मुझे लगता है कि वे हम दोनों के बारे में
हम दोनों के साथ अपने रिश्ते के बारे में
अपने बारे में जीवन के बारे में

अन्त का उजाला

कुछ ऐसा तै सा करते रहते हैं
जो वे जब भी हमें बताएँगे
हम दोनों को चौंका देगा
इसीलिए शायद वे उसके बारे में
चुप रहते हैं हमको चौंकाते नहीं
वैसे मुमकिन है मैं ग़लत सोचता हूँ
कभी कभी मुझको यह शक भी होता है
कि उन्हें हम दोनों से कोई शिकायत है
जिसे हम दोनों से करने का काम
डॉक्टर को दे दिया गया है और वह
इस काम को टालता रहता है
जब शौकत और नीरू पूछते हैं
वह कह देता है
मैं उन दोनों को यह सोचने का अवसर क्यों दूँ
कि हम तीनों उनसे जलते हैं
तब नीरू और शौकत उस पर पिल पड़ते होंगे
तो पहले ही इनकार कर देते
तुम उन दोनों से इतना दबते क्यों हो
तुम बुज़दिल हो और धोखेबाज़ भी

बीवी

वह तो मैं भी हूँ तुम भी हो

मियाँ

तुमने बात सुनी ही नहीं शायद पूरी

बीवी

तुम मेरी सुनते हो
अब हम दोनों कम सुनते हैं
बस उतना ही जितना सुन सकते हैं

मियाँ

या सुनना चाहते हैं

बीवी

या सह सकते हैं

मियाँ

अब हम सुनी अनसुनी कर देते हैं
अनसुनी सुन लेते हैं

बीवी

और अनकही भी

मियाँ

अब हम वही सुनते हैं जिसका जवाब दे सकें

बीवी

जवाब देकर दूसरे को लाजवाब कर सकें

मियाँ

कुछ देर के लिए

बीवी

जिसके दौरान हम कोई और बात सोच लें

मियाँ

कोई ऐसी बात जिसे सौ बार पहले कह चुके हों

बीवी

अब ऐसी बातें हमारे पास बचीं ही नहीं
जिन्हें हम सौ बार पहले न कह चुके हों

मियाँ

कम से कम सौ बार

बीवी

हाँ कम से कम सौ बार

मियाँ

हो सकता है वे तीनों यही तै कर रहे हों

बीवी

यही क्या

मियाँ

यही कि हमसे पूछा जाए
हम सौ बार कही हुई बातें क्यों कहते रहते हैं

बीवी

इस पर हम क्यों चौंकेंगे

मियाँ

हम अब किसी भी बात पर क्यों चौंकेंगे

बीवी

हम चौंकने से आगे निकल आए हैं

मियाँ

वे हमसे जलते तो होंगे
क्योंकि हम दो हैं उनकी तरह अकेले नहीं

बीवी

हम एक दूसरे का दर्द और डर बाँट सकते हैं

मियाँ

एक दूसरे की हाय हूक सुन सकते हैं

बीवी

एक दूसरे को कहानियाँ सुना सकते हैं

मियाँ

कहानियाँ नहीं एक ही कहानी बार बार और

वह भी हमेशा मैं ही सुनाता हूँ

बीवी

एक दूसरे पर बिगड़ सकते हैं

मियाँ

बरस सकते हैं

बीवी

तरस खा सकते हैं

मियाँ

लेकिन खाते नहीं

बीवी

एक दूसरे को लताड़ सकते हैं

मियाँ

नकार सकते हैं

बीवी

दुलार सकते हैं

मियाँ

दुत्कार सकते हैं

बीवी

सोच सकते हैं कि पहले कौन जाए
तो दूसरा कम दुखी होगा

मियाँ

लगता है तुम उस कहानी के लिए फिर ललक उठी

बीवी

हरगिज़ नहीं दिन में दो बार हरगिज़ नहीं

मियाँ

झल्लाती क्यों हो नहीं सुनाऊँगा

बीवी

वे इस झल्लाहट से भी जलते होंगे

मियाँ

यह उनको दी जा सकती है उधार

बीवी

क्या कहना चाहते हो

मियाँ

यही कि उनकी जलन बुझाई जा सकती है
मैं कुछ दिन नीरू के संग
तुम वे दिन शौकत के

बीवी

और डॉक्टर

मियाँ

वह तो सन्त ठहरा उसे जलन नहीं होती

बीवी

फिर भी उसे निपट अकेला कैसे छोड़ें

मियाँ

तो वह कभी तुम्हारे और शौकत के संग
कभी मेरे और नीरू के संग

बीवी

इससे बेहतर तो क्या यही नहीं होगा
कि वे तीनों इकट्ठे हो जाएँ

मियाँ

तब हम उनसे जलने लग जाएँगे
वे तीन हो जाएँगे हम दो

बीवी

लेकिन वे अभी तक आए क्यों नहीं

मियाँ

आते ही होंगे

बीवी

डॉक्टर नीरू के घर चला गया होगा
फिर दोनों शौकत के घर
कुछ पीने बैठ गए होंगे
सोचते होंगे जल्दी भी क्या है
वे दोनों अपने घर बैठे हैं
बैठने दो सालों को
शौकत ने बोतल खोल दी होगी

मियाँ

हो सकता है बेहोश हो गए हों

बीवी

बेहोशी में बक रहे हों

मियाँ

जो मुँह में आए

बीवी

जलते हुए जुमले

मियाँ

हो सकता है मर गए हों

बीवी

तुम बेरहम हो

मियाँ

तुम मुझसे ज़्यादा

बीवी

डॉक्टर हम सबसे ज़्यादा

मियाँ

वह बेरहम नहीं अनासक्त है

बीवी

अनासक्ति भी बेरहमी का ही एक रूप

मियाँ

एक बेहतर रूप

वैसे सन्त के लिए बेहतर और बदतर एक से
लेकिन डॉक्टर अभी पूरा सन्त नहीं हुआ

बीवी

मैं तो उसे अधूरा सन्त भी नहीं मानती

मियाँ

तुम डॉक्टर को इतना जानती हो

बीवी

मैं किसको कितना जानती हूँ नहीं जानती
लेकिन इतना जानती हूँ
कि डॉक्टर अभी उस ऊँचाई पर नहीं पहुँचा
जहाँ से बदतर और बेहतर एक से दिखाई भी दें
लेकिन अब तक किसी को तो आ ही जाना
चाहिए था

मियाँ

अधीर क्यों हो रही हो

बीवी

कुछ ही देर में हमारा संवाद सूख जाएगा

मियाँ

तो हम ख़ामोश हो जाएँगे

बीवी

तब साथ बैठे रहना मुश्किल हो जाएगा

मियाँ

मैं ऊपर जा बैठूँगा
वैसे तो अब सब कुछ मुश्किल हो गया है
ऊपर जाना भी

बीवी

मैं जानती थी तुम यही कहोगे

मियाँ

मैं जानता था तुम यही कहोगी

बीवी

अब यह मान लेने से कोई कष्ट नहीं होता

मियाँ

अब कुछ भी मान लेने से कोई कष्ट नहीं होता

बीवी

तुम्हें किसी के आ जाने के बाद ही नीचे आना
चाहिए था

मियाँ

सारी शाम ऊपर अकेले गुज़ार देना
मेरे लिए मुश्किल ज़्यादा मुश्किल अब
उकता जाता हूँ
बुरे बुरे ख़याल आने लगते हैं
वैसे जैसे बच्चों और बूढ़ों को ही आते हैं
जिनसे उनका ख़ौफ़ बढ़ जाता है
जिससे भागकर बच्चे माँ बाप की गोद में
जा गिरते हैं
बूढ़े भगवान की शरण में
और मैं तुम्हारी में

बीवी

जब तुम ऊपर होते हो तो मैं
अपने ख़ौफ़ से भागकर ऊपर नहीं जा सकती

मियाँ

घंटी तो बजा सकती हो

बीवी

डरती रहती हूँ तुम नीचे आते आते
सीढ़ियों में गिर जाओगे

इसलिए चुप मार कर पड़ी रहती हूँ
जब तक पड़ी रह सकूँ
यह डर भी रहता है कि किसी शाम
जब तुम ऊपर होगे तो नीचे
मेरी जान निकल रही होगी
डर के साथ यह ख़्वाहिश चिपकी रहती है
कि ऐसा हो ऐसा ही हो

मियाँ

होना यह चाहिए था कि जब बूढ़ों का जी चाहे
वे जीना बन्द कर दें
कुछ खाए पिए किए बग़ैर
बस चाहने भर से
बूढ़ों के लिए ऐसी व्यवस्था
क़ुदरत को कर देनी चाहिए थी

बीवी

तुम जानते हो यह हसरत बेहूदा

मियाँ

तुम जानती हो इस इन्तहा पर
सब हसरतें बेहूदा

बीवी

हम दोनों जानते हैं

मियाँ

सब दुख और सुख बेहूदा इस इन्तहा पर

बीवी

सब इरादे और अरमान बेहूदा

मियाँ

सब दर्द और दिरमान बेहूदा

बीवी

सब धर्म और ईमान बेहूदा

मियाँ

सब इनसान और शैतान बेहूदा

बीवी

मैं अब थक गई हूँ

मियाँ

मैं भी

बीवी

अब हमारी थकान बेहूदा

मियाँ

तुम फिर शुरू हो गई

बीवी

तुम भी हो जाओ

मियाँ

अब नफ़ा और नुक़सान बेहूदा

बीवी

मैं ख़ाली हो गई हूँ

मियाँ

मैं भी

(ख़ामोशी)

बीवी

अब उन्हें आ जाना चाहिए

मियाँ

अगर वे न आए तो

बीवी

तो हम पागल हो जाएँगे

मियाँ

हम पागल हो चुके हैं

बीवी

तो और पागल हो जाएँगे

मियाँ

और अगर वे आ गए तो

बीवी

एक शाम और गुज़र जाएगी
उनके साथ उनके बहाने

मियाँ

वे ख़ामोश रहेंगे

बीवी

शायद नज़र भी न आएँ

मियाँ

शायद आ ही गए हों

बीवी

आपस में तै करके आए होंगे कि
आज इन्हें नज़र नहीं आना ख़ामोश रहना है

मियाँ

शायद आज और भी बहुत कुछ
तै करके आए हों

बीवी

अगर आ गए होते तो हमें आभास हो जाता

मियाँ

ज़रूरी नहीं
हमें अब कई बातों का आभास नहीं होता
हमारा आभास भी बूढ़ा हो गया है
मौत आ जाए तो शायद उसका आभास
भी हमें न हो

बीवी

वह तो अच्छा ही होगा

मियाँ

अच्छा बुरा सब बेहूदा इस इन्तहा पर

बीवी

तुम फिर शुरू हो गए

मियाँ

तुम भी हो जाओ

बीवी

मैं अब ख़ाली

मियाँ

मैं भी

(ख़ामोशी)

बीवी

अब उन्हें आ जाना चाहिए

मियाँ

अब मैं यह नहीं कहूँगा
कि शायद वे आ ही गए हों

बीवी

यह भी मत कहना
अगर वे न आए तो

मियाँ

यह भी नहीं कहूँगा
अगर वे आ गए तो

बीवी

तो फिर कहोगे क्या

मियाँ

आज वे ज़रूर कुछ तै करके आएँगे

बीवी

हम उनसे पूछेंगे नहीं वे क्या या क्या क्या
तै करके आए हैं हमें बताएँगे या नहीं
लेकिन हमारे प्रश्न हमारे चेहरों पर चिपके नज़र
आएँगे

मियाँ

वे फिर भी ख़ामोश रहेंगे

बीवी

मैं उनकी ख़ामोशी पर ख़फ़ा हो जाऊँगी

मियाँ

मैं तुमको समझाऊँगा इशारों से
उनको ख़ामोश ही रहने दो
शुक्र करो वे ख़ामोश हैं ख़ैर मनाओ
वे जो तै करके आए हैं
बता नहीं रहे अगर बताने लग गए
तो क्या पता क्या क्या बता दें वे
शुक्र करो

बीवी

मैं समझ जाऊँगी तुम उनको उकसाना चाहते हो

मियाँ

वे भी समझ जाएँगे
उनके मुँहों पर ताले लग जाएँगे
मैं उनमें उनकी मुस्कानों को ढूँढूँगा
वे उनको और ज़्यादा कस लेंगे

बीवी

मेरी ख़फ़गी फट जाएगी
मैं उन पर बरस पड़ूँगी
तुम चुप क्यों हो
कह दो तुम दोनों पागल हो
हम तीनों तुम्हारा पागलपन
कह दो तुम दोनों ने ही
अपने पागलपन में
हम तीनों को रच डाला है

मियाँ

यह क्या सोच गई हो तुम

बीवी

वही जिसे सोचने में तुम डरते हो

मियाँ

और तुम

बीवी

मैं भी डरती तो हूँ पर डरते डरते सोच गई

मियाँ

क्या उनसे यह कह पाओगी

बीवी

हाँ डरते डरते कह डालूँगी कह ही डाला है
मेरी ख़फ़गी लौट आई है
और अब वह तुम पर है
और तुम्हारे उस डर पर
जो तुम्हें उसका सामना करने से रोके रखता है
जो मैं सोच गई डरते डरते
जो मैंने कह डाला है डरते डरते

(ख़ामोशी)

बीवी

तो अब क्या करें

मियाँ

कुछ नहीं कुछ भी नहीं

बीवी

और अगर वे न आए तो
उनमें से एक भी न आया तो

मियाँ

तो हम मान लेंगे वे हमसे ऊब गए
और अब हम दोनों को
उनके बग़ैर अकेले ही जीना मरना है

बीवी

हो सकता है वे तीनों आपस में मिल गए हों
हमारे ख़िलाफ़

मियाँ

तुमने जो अभी अभी सोचा था डरते डरते
क्या उसको भूल गईं

बीवी

भूली तो नहीं भूलना चाहती हूँ भूल जाऊँगी
तुम भी भूल जाओ

मियाँ

डर फिर सवार हो गया

बीवी

हुआ तो नहीं हो जाएगा

मियाँ

तो अब हम क्या कर सकते हैं

बीवी

कुछ नहीं कुछ भी नहीं
अन्त का इन्तज़ार कर सकते हैं
लेकिन न भी करें तो वह होता रहेगा अपने आप
उसे करना भी ज़रूरी नहीं
उसके लिए हमें अब उनकी भी ज़रूरत नहीं

मियाँ

यह हम सुना किसको रहे हैं

बीवी

एक दूसरे को उनको शून्य हो
हमारी बेहतरी अब इसी में है
कि हम उनसे भी मुक्त हो जाएँ
उनको भी भूल जाएँ मार डालें

मियाँ

उनसे जो लेना था ले चुके हम

कुछ अनुभव भोग लिये

बिन भोगे

शामों पर अबूर पा लिया रातों को काट लिया

बातों में रंग भर लिये

प्यार और बैर के

राग और विराग के

बन्धन और त्याग के

कल्पना और यथार्थ के

बीवी

अब रुक भी जाओ

बूढ़ों को लफ़्फ़ाजी शोभा नहीं देती

मैं समझ गई

मियाँ

क्या समझ गई

बीवी

जो तुम समझाना चाहते हो

मुझको और अपने आपको

और उन तीनों को या उनके भूतों को

(ख़ामोशी)

मियाँ

अब उनसे भी मुक्त हो जाने का वक़्त आ पहुँचा है
अब उनका खेल ख़त्म उनसे खेल ख़त्म

बीवी

जो मज़े हमें हक़ीक़त से नहीं मिले
इस खेल से मिले

मियाँ

हक़ीक़त भी क्या खेल नहीं
काश कि हमने उसे भी खेल ही समझा होता

बीवी

अब यह अफ़सोस बेहूदा

मियाँ

बेहूदगी का आलाप फिर न शुरू कर देना

बीवी

मेरा शौकत तुम्हारी नीरू डॉक्टर हम चारों का

मियाँ

बूढ़ों के बूढ़े चोंचले
ठीक है कुछ उड़ लिया
कुछ झूठे और जूठे आनन्द ले लिये

कुछ झूठे और जूठे जुमले बोल लिये
अब और नहीं

बीवी

खेल का अन्त हमारे अन्त से पहले ही
हो जाएगा नहीं सोचा था

मियाँ

खेल का अन्त तुमने ही किया मैंने नहीं

बीवी

शिकायत कर रहे हो या शुक्रिया

मियाँ

यह सवाल भी अब सहलाता नहीं

बीवी

आख़िर तक किसी भी खेल या ख़याल से
चिपके रहना मुश्किल भी मोहमिल भी

मियाँ

ऐसे में वे धम से जो आ जाएँ तो क्या हो

बीवी

यह मिसरा एक बेमौक़ा मज़ाक़

मियाँ

तो क्या अब उनका मातम भी करना होगा

(ख़ामोशी)

बीवी

उनका नहीं अपना

(ख़ामोशी)

सुनो एक बार फिर उन दोनों की कथा सुना दो
मैं शान्त हो जाऊँगी
हाँ मुझे याद है मैंने कहा था
एक दिन में दो बार हरगिज़ नहीं
लेकिन अब कह रही हूँ एक बार फिर सुना दो

(ख़ामोशी)

मियाँ

(आँखें मूँद ऐसे बोलने लगता है जैसे सोया सोया बोल रहा हो।)

वह छह फ़ुट लम्बा था
हम उसको लम्बू रावण कहते थे
उसके माँ बाप बहुत बूढ़े थे
डेवढ़ी में दो चारपाइयों पर बिछे रहते थे

सफ़ेद बिस्तरों पर

सर से पाँव तक सफ़ेद चादरों से ढके हुए

रावण...

[मियाँ की आवाज़ और मंच की रोशनी धीरे धीरे धीमी होती जाती है। उन दोनों की आरामकुर्सियाँ चारपाइयों में बदलने लगती हैं और उन पर सीधे बिछे हुए वे दोनों मियाँ की कहानी के बूढ़ों में।]

●●●